In Loving Memory Of

BORN :

ENTERED INTO ETERNAL REST :

Name : _____

Phone/ Email : _____

Address : _____

_____

_____

_____

_____

Thoughts & Memories :

_____

_____

_____

_____

_____

_____

Thoughts & Memories :

Name : _____

Phone/ Email : _____

Address : _____

_____

_____

_____

_____

_____

_____

_____

_____

_____

Name : _____

Phone/ Email : _____

Address : _____

_____

_____

_____

_____

Name : _____

Phone/ Email : _____

Address : _____

_____

_____

_____

_____

Thoughts & Memories :

_____

_____

_____

_____

_____

_____

_____

Thoughts & Memories :

_____

_____

_____

_____

_____

_____

_____

Name : _____

Phone/ Email : _____

Address : _____

_____

_____

_____

_____

Name : _____

Phone/ Email : _____

Address : _____

_____

_____

_____

_____

Thoughts & Memories :

_____

_____

_____

_____

_____

Thoughts & Memories :

_____

_____

_____

_____

_____

Name : _____

Phone/ Email : _____

Address : _____

_____

_____

_____

_____

Thoughts & Memories :

_____

_____

_____

_____

_____

_____

Thoughts & Memories :

Name : _____

Phone/ Email : _____

Address : _____

_____

_____

_____

_____

_____

_____

_____

_____

_____

Name : _____

Phone/ Email : _____

Address : _____

_____

_____

_____

_____

Name : _____

Phone/ Email : _____

Address : _____

_____

_____

_____

_____

Thoughts & Memories :

_____

_____

_____

_____

_____

Thoughts & Memories :

_____

_____

_____

_____

_____

_____

Name : _____

Phone/ Email : _____

Address : _____

_____

_____

_____

_____

Name : _____

Phone/ Email : _____

Address : _____

_____

_____

_____

Thoughts & Memories :

_____

_____

_____

_____

_____

Thoughts & Memories :

_____

_____

_____

_____

_____

Name : _____

Phone/ Email : _____

Address : _____

_____

_____

_____

_____

Name : _____

Phone/ Email : _____

Address : _____

_____

_____

_____

_____

Thoughts & Memories :

_____

_____

_____

_____

Thoughts & Memories :

_____

_____

_____

_____

Name : _____

Phone/ Email : _____

Address : _____

_____

_____

_____

_____

Name : _____

Phone/ Email : _____

Address : _____

_____

_____

_____

_____

Thoughts & Memories :

_____

_____

_____

_____

_____

Thoughts & Memories :

_____

_____

_____

_____

_____

Name : _____

Phone/ Email : _____

Address : _____

_____

_____

_____

_____

Thoughts & Memories :

_____

_____

_____

_____

_____

Thoughts & Memories :

Name : _____

Phone/ Email : _____

Address : _____

_____

_____

_____

_____

_____

_____

_____

_____

Name : _____

Phone/ Email : _____

Address : _____

_____

_____

_____

Name : _____

Phone/ Email : _____

Address : _____

_____

_____

_____

Thoughts & Memories :

_____

_____

_____

_____

_____

_____

Thoughts & Memories :

_____

_____

_____

_____

_____

_____

Name : _____

Phone/ Email : _____

Address : _____

_____

_____

_____

Name : _____

Phone/ Email : _____

Address : _____

_____

_____

_____

Thoughts & Memories :

_____

_____

_____

_____

_____

Thoughts & Memories :

_____

_____

_____

_____

_____

Name : _____

Phone/ Email : _____

Address : _____

_____

_____

_____

_____

Thoughts & Memories :

_____

_____

_____

_____

_____

_____

Thoughts & Memories :

Name : _____

Phone/ Email : _____

Address : _____

_____

_____

_____

_____

_____

_____

_____

_____

_____

Name : _____

Phone/ Email : _____

Address : _____

_____

_____

_____

_____

Thoughts & Memories :

_____

_____

_____

_____

_____

_____

Name : _____

Phone/ Email : _____

Address : _____

_____

_____

_____

Thoughts & Memories :

_____

_____

_____

_____

_____

Name : _____

Phone/ Email : _____

Address : _____

_____

_____

_____

Thoughts & Memories :

_____

_____

_____

_____

_____

_____

Thoughts & Memories :

Name : _____

Phone/ Email : _____

Address : _____

_____

_____

_____

_____

_____

_____

_____

_____

Name : _____

Phone/ Email : _____

Address : _____

_____

_____

_____

_____

Name : _____

Phone/ Email : _____

Address : _____

_____

_____

_____

Thoughts & Memories :

_____

_____

_____

_____

_____

Thoughts & Memories :

_____

_____

_____

_____

_____

Name : _____

Phone/ Email : _____

Address : _____

_____

_____

_____

Thoughts & Memories :

_____

_____

_____

_____

_____

Name : _____

Phone/ Email : _____

Address : _____

_____

_____

_____

Thoughts & Memories :

_____

_____

_____

_____

_____

Thoughts & Memories :

Name : _____

Phone/ Email : _____

Address : _____

_____

_____

_____

_____

_____

_____

_____

Thoughts & Memories :

Name : _____

Phone/ Email : _____

Address : _____

_____

_____

_____

_____

_____

_____

_____

_____

Name : _____

Phone/ Email : _____

Address : _____

_____

_____

_____

_____

Thoughts & Memories :

_____

_____

_____

_____

_____

_____

Thoughts & Memories :

Name : _____

Phone/ Email : _____

Address : _____

_____

_____

_____

_____

_____

_____

_____

_____

_____

Name : _____

Phone/ Email : _____

Address : _____

_____

_____

_____

_____

Thoughts & Memories :

_____

_____

_____

_____

_____

Name : _____

Phone/ Email : _____

Address : _____

_____

_____

_____

Thoughts & Memories :

_____

_____

_____

_____

_____

Name : _____

Phone/ Email : _____

Address : _____

_____

_____

_____

_____

Name : _____

Phone/ Email : _____

Address : _____

_____

_____

_____

_____

Thoughts & Memories :

_____

_____

_____

_____

_____

Thoughts & Memories :

_____

_____

_____

_____

_____

Name : _____

Phone/ Email : _____

Address : _____

_____

_____

_____

_____

Thoughts & Memories :

_____

_____

_____

_____

_____

Thoughts & Memories :

Name : _____

Phone/ Email : _____

Address : _____

_____

_____

_____

_____

_____

_____

_____

Name : _____

Phone/ Email : _____

Address : _____

_____

_____

_____

_____

Thoughts & Memories :

_____

_____

_____

_____

_____

_____

Name : _____

Phone/ Email : _____

Address : _____

_____

_____

_____

_____

Thoughts & Memories :

_____

_____

_____

_____

_____

_____

Name : _____

Phone/ Email : _____

Address : _____

_____

_____

_____

_____

Thoughts & Memories :

_____

_____

_____

_____

_____

_____

_____

Thoughts & Memories :

Name : _____

Phone/ Email : _____

Address : _____

_____

_____

_____

_____

_____

_____

_____

_____

_____

Name : _____

Phone/ Email : _____

Address : _____

_____

_____

_____

_____

Thoughts & Memories :

_____

_____

_____

_____

_____

_____

Thoughts & Memories :

Name : _____

Phone/ Email : _____

Address : _____

_____

_____

_____

_____

_____

_____

_____

_____

_____

_____

Name : _____

Phone/ Email : _____

Address : _____

_____

_____

_____

_____

Thoughts & Memories :

_____

_____

_____

_____

_____

_____

Thoughts & Memories :

Name : _____

Phone/ Email : _____

Address : _____

_____

_____

_____

_____

_____

_____

_____

_____

Name : _____

Phone/ Email : _____

Address : _____

_____

_____

_____

_____

Name : _____

Phone/ Email : _____

Address : _____

_____

_____

_____

Thoughts & Memories :

_____

_____

_____

_____

_____

_____

Thoughts & Memories :

_____

_____

_____

_____

_____

Name : _____

Phone/ Email : _____

Address : _____

_____

_____

_____

_____

Thoughts & Memories :

_____

_____

_____

_____

_____

Thoughts & Memories :

Name : _____

Phone/ Email : _____

Address : _____

_____

_____

_____

_____

_____

_____

_____

_____

Name : _____

Phone/ Email : _____

Address : _____

_____

_____

_____

_____

Thoughts & Memories :

_____

_____

_____

_____

_____

Thoughts & Memories :

Name : _____

Phone/ Email : _____

Address : _____

_____

_____

_____

_____

_____

_____

_____

_____

_____

Name : _____

Phone/ Email : _____

Address : _____

_____

_____

_____

_____

Thoughts & Memories :

_____

_____

_____

_____

_____

_____

Name : _____

Phone/ Email : _____

Address : _____

_____

_____

_____

Thoughts & Memories :

_____

_____

_____

_____

_____

_____

Name : _____

Phone/ Email : _____

Address : _____

_____

_____

_____

_____

Thoughts & Memories :

_____

_____

_____

_____

_____

_____

_____

Name : _____

Phone/ Email : _____

Address : _____

_____

_____

_____

_____

Thoughts & Memories :

_____

_____

_____

_____

_____

_____

Name : _____

Phone/ Email : _____

Address : _____

_____

_____

_____

_____

Name : _____

Phone/ Email : _____

Address : _____

_____

_____

_____

_____

Thoughts & Memories :

_____

_____

_____

_____

_____

Thoughts & Memories :

_____

_____

_____

_____

_____

Name : _____

Phone/ Email : _____

Address : _____

_____

_____

_____

_____

Name : _____

Phone/ Email : _____

Address : _____

_____

_____

_____

_____

Thoughts & Memories :

_____

_____

_____

_____

_____

_____

Thoughts & Memories :

_____

_____

_____

_____

_____

Name : _____

Phone/ Email : _____

Address : _____

_____

_____

_____

_____

Thoughts & Memories :

_____

_____

_____

_____

_____

Thoughts & Memories :

Name : _____

Phone/ Email : _____

Address : _____

_____

_____

_____

_____

_____

_____

_____

_____

Name : _____

Phone/ Email : _____

Address : _____

_____

_____

_____

_____

Name : _____

Phone/ Email : _____

Address : _____

_____

_____

_____

_____

Thoughts & Memories :

_____

_____

_____

_____

_____

_____

Thoughts & Memories :

_____

_____

_____

_____

_____

_____

Name : _____

Phone/ Email : _____

Address : _____

_____

_____

_____

_____

Thoughts & Memories :

_____

_____

_____

_____

_____

_____

Name : _____

Phone/ Email : _____

Address : _____

_____

_____

_____

Thoughts & Memories :

_____

_____

_____

_____

_____

Name : _____

Phone/ Email : _____

Address : _____

_____

_____

_____

_____

Name : _____

Phone/ Email : _____

Address : _____

_____

_____

_____

_____

Thoughts & Memories :

_____

_____

_____

_____

_____

_____

Thoughts & Memories :

_____

_____

_____

_____

_____

_____

Name : _____

Phone/ Email : _____

Address : _____

_____

_____

_____

_____

Thoughts & Memories :

_____

_____

_____

_____

_____

_____

Thoughts & Memories :

Name : _____

Phone/ Email : _____

Address : _____

_____

_____

_____

_____

_____

_____

_____

_____

_____

_____

Name : _____

Phone/ Email : _____

Address : _____

_____

_____

_____

_____

Thoughts & Memories :

_____

_____

_____

_____

_____

_____

Thoughts & Memories :

Name : _____

Phone/ Email : _____

Address : _____

_____

_____

_____

_____

_____

_____

_____

_____

_____

Name : _____

Phone/ Email : _____

Address : _____

_____

_____

_____

_____

Thoughts & Memories :

_____

_____

_____

_____

_____

Thoughts & Memories :

Name : _____

Phone/ Email : _____

Address : _____

_____

_____

_____

_____

_____

_____

_____

_____

Name : _____

Phone/ Email : _____

Address : _____

_____

_____

_____

_____

Thoughts & Memories :

_____

_____

_____

_____

_____

_____

Thoughts & Memories :

Name : _____

Phone/ Email : _____

Address : _____

_____

_____

_____

_____

_____

_____

_____

_____

Name : _____

Phone/ Email : _____

Address : _____

_____

_____

_____

_____

Thoughts & Memories :

_____

_____

_____

_____

_____

Name : _____

Phone/ Email : _____

Address : _____

_____

_____

_____

_____

Thoughts & Memories :

_____

_____

_____

_____

_____

Name : _____

Phone/ Email : _____

Address : _____

_____

_____

_____

_____

Thoughts & Memories :

_____

_____

_____

_____

_____

_____

Name : _____

Phone/ Email : _____

Address : _____

_____

_____

_____

_____

Thoughts & Memories :

_____

_____

_____

_____

_____

_____

Name : _____

Phone/ Email : _____

Address : _____

_____

_____

_____

_____

Thoughts & Memories :

_____

_____

_____

_____

_____

_____

Thoughts & Memories :

Name : _____

Phone/ Email : _____

Address : _____

_____

_____

_____

_____

_____

_____

_____

_____

_____

_____

Name : _____

Phone/ Email : _____

Address : _____

_____

_____

_____

_____

Thoughts & Memories :

_____

_____

_____

_____

_____

_____

Thoughts & Memories :

Name : _____

Phone/ Email : _____

Address : _____

_____

_____

_____

_____

_____

_____

_____

_____

Name : _____

Phone/ Email : _____

Address : _____

_____

_____

_____

_____

Thoughts & Memories :

_____

_____

_____

_____

_____

_____

Thoughts & Memories :

Name : _____

Phone/ Email : _____

Address : _____

_____

_____

_____

_____

_____

_____

_____

_____

_____

_____

Name : _____

Phone/ Email : _____

Address : _____

_____

_____

_____

_____

Thoughts & Memories :

_____

_____

_____

_____

_____

_____

Thoughts & Memories :

Name : _____

Phone/ Email : _____

Address : _____

_____

_____

_____

_____

_____

_____

_____

_____

_____

Name : _____

Phone/ Email : _____

Address : _____

_____

_____

_____

_____

Name : _____

Phone/ Email : _____

Address : _____

_____

_____

_____

_____

Thoughts & Memories :

_____

_____

_____

_____

_____

Thoughts & Memories :

_____

_____

_____

_____

_____

Name : _____

Phone/ Email : _____

Address : _____

_____

_____

_____

_____

Thoughts & Memories :

_____

_____

_____

_____

_____

Thoughts & Memories :

Name : _____

Phone/ Email : _____

Address : _____

_____

_____

_____

_____

_____

_____

_____

_____

Name : _____

Phone/ Email : _____

Address : _____

_____

_____

_____

_____

Thoughts & Memories :

_____

_____

_____

_____

_____

Thoughts & Memories :

Name : _____

Phone/ Email : _____

Address : _____

_____

_____

_____

_____

Name : _____

Phone/ Email : _____

Address : _____

_____

_____

_____

Thoughts & Memories :

_____

_____

_____

_____

_____

_____

Name : _____

Phone/ Email : _____

Address : _____

_____

_____

_____

Thoughts & Memories :

_____

_____

_____

_____

_____

_____

Name : _____

Phone/ Email : _____

Address : _____

_____

_____

_____

_____

Thoughts & Memories :

_____

_____

_____

_____

_____

Thoughts & Memories :

Name : _____

Phone/ Email : _____

Address : _____

_____

_____

_____

_____

_____

_____

_____

_____

_____

Name : _____

Phone/ Email : _____

Address : _____

_____

_____

_____

_____

Name : _____

Phone/ Email : _____

Address : _____

_____

_____

_____

_____

Thoughts & Memories :

_____

_____

_____

_____

_____

_____

_____

Thoughts & Memories :

_____

_____

_____

_____

_____

_____

Name : _____

Phone/ Email : _____

Address : _____

_____

_____

_____

Thoughts & Memories :

_____

_____

_____

_____

_____

Name : _____

Phone/ Email : _____

Address : _____

_____

_____

_____

_____

Thoughts & Memories :

_____

_____

_____

_____

_____

_____

Name : _____

Phone/ Email : _____

Address : _____

_____

_____

_____

_____

Thoughts & Memories :

_____

_____

_____

_____

_____

_____

Thoughts & Memories :

Name : _____

Phone/ Email : _____

Address : _____

_____

_____

_____

_____

_____

_____

_____

_____

_____

Name : _____

Phone/ Email : _____

Address : _____

_____

_____

_____

_____

Thoughts & Memories :

_____

_____

_____

_____

_____

Thoughts & Memories :

Name : _____

Phone/ Email : _____

Address : _____

_____

_____

_____

_____

_____

_____

_____

_____

_____

Name : _____

Phone/ Email : _____

Address : _____

_____

_____

_____

_____

Thoughts & Memories :

_____

_____

_____

_____

_____

_____

_____

Name : _____

Phone/ Email : _____

Address : _____

_____

_____

_____

_____

Thoughts & Memories :

_____

_____

_____

_____

_____

_____

_____

Name : _____

Phone/ Email : _____

Address : _____

_____

_____

_____

_____

Thoughts & Memories :

_____

_____

_____

_____

_____

Thoughts & Memories :

Name : _____

Phone/ Email : _____

Address : _____

_____

_____

_____

_____

_____

_____

_____

Name : _____

Phone/ Email : _____

Address : _____

_____

_____

_____

_____

Name : _____

Phone/ Email : _____

Address : _____

_____

_____

_____

_____

Thoughts & Memories :

_____

_____

_____

_____

_____

_____

Thoughts & Memories :

_____

_____

_____

_____

_____

_____

Name : _____

Phone/ Email : _____

Address : _____

_____

_____

_____

_____

Thoughts & Memories :

_____

_____

_____

_____

_____

Thoughts & Memories :

Name : _____

Phone/ Email : _____

Address : _____

_____

_____

_____

_____

_____

_____

_____

Name : _____

Phone/ Email : _____

Address : _____

_____

_____

_____

_____

Name : _____

Phone/ Email : _____

Address : _____

_____

_____

_____

Thoughts & Memories :

_____

_____

_____

_____

_____

Thoughts & Memories :

_____

_____

_____

_____

_____

Name : _____

Phone/ Email : _____

Address : _____

_____

_____

_____

_____

Thoughts & Memories :

_____

_____

_____

_____

_____

Thoughts & Memories :

Name : _____

Phone/ Email : _____

Address : _____

_____

_____

_____

_____

_____

_____

_____

_____

Name : _____

Phone/ Email : _____

Address : _____

_____

_____

_____

_____

Thoughts & Memories :

_____

_____

_____

_____

_____

_____

Thoughts & Memories :

Name : _____

Phone/ Email : _____

Address : _____

_____

_____

_____

_____

_____

_____

_____

_____

_____

Name : _____

Phone/ Email : _____

Address : _____

_____

_____

_____

Thoughts & Memories :

_____

_____

_____

_____

_____

_____

Thoughts & Memories :

Name : _____

Phone/ Email : _____

Address : _____

_____

_____

_____

_____

_____

_____

_____

_____

_____

_____

Name : _____

Phone/ Email : _____

Address : _____

_____

_____

_____

_____

Thoughts & Memories :

_____

_____

_____

_____

_____

Name : _____

Phone/ Email : _____

Address : _____

_____

_____

_____

_____

Thoughts & Memories :

_____

_____

_____

_____

_____

Name : _____

Phone/ Email : _____

Address : _____

_____

_____

_____

Thoughts & Memories :

_____

_____

_____

_____

_____

Thoughts & Memories :

Name : _____

Phone/ Email : _____

Address : _____

_____

_____

_____

_____

_____

_____

_____

_____

Name : _____

Phone/ Email : _____

Address : _____

_____

_____

_____

_____

Thoughts & Memories :

_____

_____

_____

_____

_____

Thoughts & Memories :

Name : _____

Phone/ Email : _____

Address : _____

_____

_____

_____

_____

_____

_____

_____

_____

_____

Name : _____

Phone/ Email : _____

Address : _____

_____

_____

_____

Thoughts & Memories :

_____

_____

_____

_____

_____

_____

Name : _____

Phone/ Email : _____

Address : _____

_____

_____

_____

_____

Thoughts & Memories :

_____

_____

_____

_____

_____

_____

Name : _____

Phone/ Email : _____

Address : _____

_____

_____

_____

_____

Name : _____

Phone/ Email : _____

Address : _____

_____

_____

_____

_____

Thoughts & Memories :

_____

_____

_____

_____

_____

_____

Thoughts & Memories :

_____

_____

_____

_____

_____

_____

Name : _____

Phone/ Email : _____

Address : _____

_____

_____

_____

Thoughts & Memories :

_____

_____

_____

_____

Name : _____

Phone/ Email : _____

Address : _____

_____

_____

_____

Thoughts & Memories :

_____

_____

_____

_____

Name : _____

Phone/ Email : _____

Address : _____

_____

_____

_____

_____

Thoughts & Memories :

_____

_____

_____

_____

_____

Name : _____

Phone/ Email : _____

Address : _____

_____

_____

_____

Thoughts & Memories :

_____

_____

_____

_____

_____

Name : _____

Phone/ Email : _____

Address : _____

_____

_____

_____

Thoughts & Memories :

_____

_____

_____

_____

_____

Thoughts & Memories :

Name : _____

Phone/ Email : _____

Address : _____

_____

_____

_____

_____

_____

_____

_____

_____

_____

Name : _____

Phone/ Email : _____

Address : _____

_____

_____

_____

_____

Thoughts & Memories :

_____

_____

_____

_____

_____

_____

Thoughts & Memories :

Name : _____

Phone/ Email : _____

Address : _____

_____

_____

_____

_____

_____

_____

_____

_____

_____

Name : _____

Phone/ Email : _____

Address : _____

_____

_____

_____

_____

Thoughts & Memories :

_____

_____

_____

_____

_____

Name : _____

Phone/ Email : _____

Address : _____

_____

_____

_____

Thoughts & Memories :

_____

_____

_____

_____

_____

Name : _____

Phone/ Email : _____

Address : _____

_____

_____

_____

_____

Thoughts & Memories :

_____

_____

_____

_____

_____

Name : _____

Phone/ Email : _____

Address : _____

_____

_____

_____

_____

Thoughts & Memories :

_____

_____

_____

_____

_____

Name : _____

Phone/ Email : _____

Address : _____

_____

_____

_____

_____

Thoughts & Memories :

_____

_____

_____

_____

_____

Thoughts & Memories :

Name : _____

Phone/ Email : _____

Address : _____

_____

_____

_____

_____

_____

_____

_____

_____

_____

Name : _____

Phone/ Email : _____

Address : _____

_____

_____

_____

_____

Thoughts & Memories :

_____

_____

_____

_____

_____

Thoughts & Memories :

_____

Name : _____

Phone/ Email : _____

Address : _____

_____

_____

_____

_____

_____

_____

Name : _____

Phone/ Email : _____

Address : _____

_____

_____

_____

_____

Thoughts & Memories :

_____

_____

_____

_____

_____

_____

Name : _____

Phone/ Email : _____

Address : _____

_____

_____

_____

Thoughts & Memories :

_____

_____

_____

_____

_____

Name : _____

Phone/ Email : _____

Address : _____

_____

_____

_____

_____

Name : _____

Phone/ Email : _____

Address : _____

_____

_____

_____

_____

Thoughts & Memories :

_____

_____

_____

_____

_____

_____

Thoughts & Memories :

_____

_____

_____

_____

_____

_____

Name : _____

Phone/ Email : _____

Address : _____

_____

_____

_____

Name : _____

Phone/ Email : _____

Address : _____

_____

_____

_____

Thoughts & Memories :

_____

_____

_____

_____

_____

Thoughts & Memories :

_____

_____

_____

_____

_____

Name : _____

Phone/ Email : _____

Address : _____

_____

_____

_____

Name : _____

Phone/ Email : _____

Address : _____

_____

_____

_____

Thoughts & Memories :

_____

_____

_____

_____

_____

Thoughts & Memories :

_____

_____

_____

_____

_____

Name : _____

Phone/ Email : _____

Address : _____

_____

_____

_____

Thoughts & Memories :

_____

_____

_____

_____

_____

Thoughts & Memories :

Name : _____

Phone/ Email : _____

Address : _____

_____

_____

_____

_____

_____

_____

_____

_____

_____

Name : _____

Phone/ Email : _____

Address : _____

_____

_____

_____

_____

Thoughts & Memories :

_____

_____

_____

_____

_____

Thoughts & Memories :

Name : _____

Phone/ Email : _____

Address : _____

_____

_____

_____

_____

_____

_____

_____

_____

_____

Name : _____

Phone/ Email : _____

Address : _____

_____

_____

_____

_____

Thoughts & Memories :

_____

_____

_____

_____

_____

Thoughts & Memories :

Name : _____

Phone/ Email : _____

Address : _____

_____

_____

_____

_____

_____

_____

_____

Name : _____

Phone/ Email : _____

Address : _____

_____

_____

_____

_____

Thoughts & Memories :

_____

_____

_____

_____

_____

_____

Thoughts & Memories :

Name : _____

Phone/ Email : _____

Address : _____

_____

_____

_____

_____

_____

_____

_____

_____

Name : _____

Phone/ Email : _____

Address : _____

_____

_____

_____

Thoughts & Memories :

_____

_____

_____

_____

Thoughts & Memories :

Name : _____

Phone/ Email : _____

Address : _____

_____

_____

_____

_____

_____

_____

_____

Name : _____

Phone/ Email : _____

Address : _____

_____

_____

_____

_____

Thoughts & Memories :

_____

_____

_____

_____

_____

Thoughts & Memories :

Name : _____

Phone/ Email : _____

Address : _____

_____

_____

_____

_____

Name : _____

Phone/ Email : _____

Address : _____

_____

_____

_____

Thoughts & Memories :

_____

_____

_____

_____

_____

Thoughts & Memories :

Name : _____

Phone/ Email : _____

Address : _____

_____

_____

_____

_____

_____

_____

_____

_____

Name : _____

Phone/ Email : _____

Address : _____

_____

_____

_____

_____

Name : _____

Phone/ Email : _____

Address : _____

_____

_____

_____

Thoughts & Memories :

_____

_____

_____

_____

_____

_____

Thoughts & Memories :

_____

_____

_____

_____

_____

_____

Name : _____

Phone/ Email : _____

Address : _____

_____

_____

_____

_____

Thoughts & Memories :

_____

_____

_____

_____

_____

_____

Thoughts & Memories :

Name : _____

Phone/ Email : _____

Address : _____

_____

_____

_____

_____

_____

_____

_____

_____

_____

Name : _____

Phone/ Email : _____

Address : _____

_____

_____

_____

_____

Name : _____

Phone/ Email : _____

Address : _____

_____

_____

_____

_____

Thoughts & Memories :

_____

_____

_____

_____

_____

_____

Thoughts & Memories :

_____

_____

_____

_____

_____

_____

Name : _____

Phone/ Email : _____

Address : _____

_____

_____

_____

Thoughts & Memories :

_____

_____

_____

_____

_____

Name : _____

Phone/ Email : _____

Address : _____

_____

_____

_____

Thoughts & Memories :

_____

_____

_____

_____

_____

Name : _____

Phone/ Email : _____

Address : _____

_____

_____

_____

Name : _____

Phone/ Email : _____

Address : _____

_____

_____

_____

Thoughts & Memories :

_____

_____

_____

_____

_____

_____

Thoughts & Memories :

_____

_____

_____

_____

_____

_____

Name : _____

Phone/ Email : _____

Address : _____

_____

_____

_____

_____

Thoughts & Memories :

_____

_____

_____

_____

_____

_____

Thoughts & Memories :

_____

Name : _____

Phone/ Email : _____

Address : _____

_____

_____

_____

_____

_____

_____

Name : _____

Phone/ Email : _____

Address : _____

_____

_____

_____

_____

Thoughts & Memories :

_____

_____

_____

_____

_____

Thoughts & Memories :

Name : _____

Phone/ Email : _____

Address : _____

_____

_____

_____

_____

_____

_____

_____

Name : _____

Phone/ Email : _____

Address : _____

_____

_____

_____

_____

Name : _____

Phone/ Email : _____

Address : _____

_____

_____

_____

_____

Thoughts & Memories :

_____

_____

_____

_____

_____

Thoughts & Memories :

_____

_____

_____

_____

_____

Name : _____

Phone/ Email : _____

Address : _____

_____

_____

_____

_____

Thoughts & Memories :

_____

_____

_____

_____

_____

Name : _____

Phone/ Email : _____

Address : _____

_____

_____

_____

_____

Thoughts & Memories :

_____

_____

_____

_____

_____

Name : _____

Phone/ Email : _____

Address : _____

_____

_____

_____

Thoughts & Memories :

_____

_____

_____

_____

_____

Name : _____

Phone/ Email : _____

Address : _____

_____

_____

_____

Thoughts & Memories :

_____

_____

_____

_____

_____

Name : _____

Phone/ Email : _____

Address : _____

_____

_____

_____

_____

Thoughts & Memories :

_____

_____

_____

_____

_____

Name : _____

Phone/ Email : _____

Address : _____

_____

_____

_____

_____

Thoughts & Memories :

_____

_____

_____

_____

_____

Name : _____

Phone/ Email : _____

Address : _____

_____

_____

_____

_____

Thoughts & Memories :

_____

_____

_____

_____

_____

Name : _____

Phone/ Email : _____

Address : _____

_____

_____

_____

Thoughts & Memories :

_____

_____

_____

_____

_____

Name : _____

Phone/ Email : _____

Address : _____

_____

_____

_____

_____

Thoughts & Memories :

_____

_____

_____

_____

_____

_____

Thoughts & Memories :

Name : _____

Phone/ Email : _____

Address : _____

_____

_____

_____

_____

_____

_____

_____

_____

_____

_____

Name : _____

Phone/ Email : _____

Address : _____

_____

_____

_____

Name : _____

Phone/ Email : _____

Address : _____

_____

_____

_____

Thoughts & Memories :

_____

_____

_____

_____

_____

Thoughts & Memories :

_____

_____

_____

_____

_____

Name : _____

Phone/ Email : _____

Address : _____

_____

_____

_____

_____

Name : _____

Phone/ Email : _____

Address : _____

_____

_____

_____

_____

Thoughts & Memories :

_____

_____

_____

_____

_____

_____

Thoughts & Memories :

_____

_____

_____

_____

_____

_____

Name : _____

Phone/ Email : _____

Address : _____

_____

_____

_____

Thoughts & Memories :

_____

_____

_____

_____

_____

Thoughts & Memories :

Name : _____

Phone/ Email : _____

Address : _____

_____

_____

_____

_____

_____

_____

_____

_____

_____

Name : _____

Phone/ Email : _____

Address : _____

_____

_____

_____

_____

Thoughts & Memories :

_____

_____

_____

_____

_____

_____

_____

Thoughts & Memories :

Name : _____

Phone/ Email : _____

Address : _____

_____

_____

_____

_____

_____

_____

_____

_____

_____

_____

Name : _____

Phone/ Email : _____

Address : _____

_____

_____

_____

_____

_____

_____

_____

_____

_____

Name : _____

Phone/ Email : _____

Address : _____

_____

_____

_____

_____

_____

_____

_____

_____

_____

Name : _____

Phone/ Email : _____

Address : _____

_____

_____

_____

_____

Thoughts & Memories :

_____

_____

_____

_____

_____

_____

_____

Thoughts & Memories :

Name : _____

Phone/ Email : _____

Address : _____

_____

_____

_____

_____

_____

_____

_____

_____

Name : _____

Phone/ Email : _____

Address : _____

_____

_____

_____

Thoughts & Memories :

_____

_____

_____

_____

_____

Thoughts & Memories :

Name : _____

Phone/ Email : _____

Address : _____

_____

_____

_____

_____

_____

_____

_____

_____

Name : _____

Phone/ Email : _____

Address : _____

_____

_____

_____

_____

Name : _____

Phone/ Email : _____

Address : _____

_____

_____

_____

_____

Thoughts & Memories :

_____

_____

_____

_____

_____

_____

_____

Thoughts & Memories :

_____

_____

_____

_____

_____

_____

Name : _____

Phone/ Email : _____

Address : _____

_____

_____

_____

_____

Thoughts & Memories :

_____

_____

_____

_____

_____

Thoughts & Memories :

Name : _____

Phone/ Email : _____

Address : _____

_____

_____

_____

_____

_____

_____

_____

_____

_____

Name : _____

Phone/ Email : _____

Address : _____

_____

_____

_____

_____

Thoughts & Memories :

_____

_____

_____

_____

_____

_____

Thoughts & Memories :

Name : _____

Phone/ Email : _____

Address : _____

_____

_____

_____

_____

_____

_____

_____

_____

_____

Name : _____

Phone/ Email : _____

Address : _____

_____

_____

_____

_____

Thoughts & Memories :

_____

_____

_____

_____

Thoughts & Memories :

Name : _____

Phone/ Email : _____

Address : _____

_____

_____

_____

_____

_____

_____

_____

_____

Name : _____

Phone/ Email : _____

Address : _____

_____

_____

_____

_____

Thoughts & Memories :

_____

_____

_____

_____

_____

_____

Thoughts & Memories :

Name : _____

Phone/ Email : _____

Address : _____

_____

_____

_____

_____

_____

_____

_____

_____

_____

Name : _____

Phone/ Email : _____

Address : _____

_____

_____

_____

_____

Thoughts & Memories :

_____

_____

_____

_____

_____

Name : _____

Phone/ Email : _____

Address : _____

_____

_____

_____

_____

Thoughts & Memories :

_____

_____

_____

_____

_____

Name : _____

Phone/ Email : _____

Address : _____

_____

_____

_____

Thoughts & Memories :

_____

_____

_____

_____

Name : _____

Phone/ Email : _____

Address : _____

_____

_____

_____

Thoughts & Memories :

_____

_____

_____

_____

Name : _____

Phone/ Email : _____

Address : _____

_____

_____

_____

_____

Thoughts & Memories :

_____

_____

_____

_____

_____

Thoughts & Memories :

Name : _____

Phone/ Email : _____

Address : _____

_____

_____

_____

_____

_____

_____

_____

_____

_____

_____

Name : _____

Phone/ Email : _____

Address : _____

_____

_____

_____

_____

Thoughts & Memories :

_____

_____

_____

_____

_____

_____

Thoughts & Memories :

Name : _____

Phone/ Email : _____

Address : _____

_____

_____

_____

_____

_____

_____

_____

_____

Name : _____

Phone/ Email : _____

Address : _____

_____

_____

_____

_____

Name : _____

Phone/ Email : _____

Address : _____

_____

_____

_____

Thoughts & Memories :

_____

_____

_____

_____

_____

Thoughts & Memories :

_____

_____

_____

_____

_____

Name : _____

Phone/ Email : _____

Address : _____

_____

_____

_____

_____

Thoughts & Memories :

_____

_____

_____

_____

_____

Thoughts & Memories :

_____

_____

_____

_____

_____

Name : _____

Phone/ Email : _____

Address : _____

_____

_____

_____

Name : _____

Phone/ Email : _____

Address : _____

_____

_____

_____

_____

Thoughts & Memories :

_____

_____

_____

_____

_____

_____

Name : _____

Phone/ Email : _____

Address : _____

_____

_____

_____

Thoughts & Memories :

_____

_____

_____

_____

_____

_____

Made in the USA
Las Vegas, NV
16 November 2024

11960711R00068